What is 예배가 뭐예요?
승리의 예배자 에릭 리들

초판발행 2014년 09월 18일 | 글쓴이 이지영 | 그린이 이준희 | 펴낸이 이재숭, 황성연 | 펴낸곳 하늘기획
주소 서울특별시 중랑구 상봉136-1 성신빌딩 지하 | 등록번호 제306-2008-17호 (2008)
ISBN 978-89-92320-45-0 03230 | 총판 하늘물류센타
전화 031-947-7777 | 팩스 0505-365-0691

주일예배 때문에 금메달을 포기한 육상선수

승리의 예배자
에릭리들

이지영 글 / 이준희 그림

하늘
기획

만나기 전에

여러분은 혹시 이런 고민이나 궁금증이 있지 않나요?

◆ 재미없는 예배를 왜 드려야 하죠?

◆ 예배도 좋지만 공부나 취미 생활은 어쩌죠?

◆ 주일과 안식일은 다른가요?

◆ 어느 날 예배하는 것이 맞나요?

육상 선수인 에릭 리들도 비슷한 고민이 있었어요.

주일날 경기에 뛰어야 할 것인가 말 것인가?

모든 사람은 당연히 뛰어야 한다고 말했어요.

그 고민 중에 에릭은 주일 예배를 다시 생각하게 되었어요.

여러분 지금 주일 예배 때문에 힘들다고요?

에릭 리들이 겪은 이야기를 읽다보면

주일의 소중함과 예배의 기쁨이 회복되리라 믿어요.

우리 다함께 하나님이 주시는 해답을 찾아볼까요?

전주에서 **이지영**

CONTENTS

목사님과 요한이

예배가 무예요?

이지영 글 / 이준희 그림 / 이인영 컬러

예뻐는 생명이다?

말도 안 돼!
예배가 뭐라고
4대 독자인 나를
내쫓아!

요한이
아니냐?

어.. 목사님!
흑흑...

아니 요한아!
무슨 일 있니?

엄마한테
쫓겨났어요.

그게 무슨
말이야?

엄마가 저보고
나가서 살래요.

12

그렁 못써!

파닥파닥

실은 엄마 말을 좀... 안 들었거든요.

엄마가 뭐라고 하셨는데?

주일예배를 꼭 드려야 한다고 하셨어요.

그러고 보니 너 요즘 잘 안 보이더라.

죄송해요.

우둑

축구부 이잖아요.

뻥

오늘은 주일인데... 하나님! 죄송합니다.

슬쩍

사실은... 몇 경기 뛰느라 몇 주 빠졌어요...

그랬구나~!

하지만 집에서 나가라고 한 건 너무 하신 거 아닌가요?

그래! 요한이 말을 듣고 보니 그렇구나!

정말 우리 엄마 맞는지 모르겠어요.

그건 목사님이 보장한다! 네 어머니 결혼 주례도 직접했고...

요한이가 태어난 날 목사님이 가서 축복 기도했잖니~.

그래도... 친엄마가 어떻게 자식을 내쫓아요!

그건... 네 어머니도 쫓겨난 적이 있기 때문이야.

네
그게
말씀이...

돌아가신 내 외할머니 권사님도 네 어머니를 쫓아내셨단다.

네~에? 할머니가요?

그렇단다. 네 어머니가 고등학교 때 공부할 시간이 부족하다고 예배 빠지고 도서관 다니니까...

공부고.. 뭐고.. 다.. 그만두고!! 당장!! 나가!!

엄마! 왜 이래~? 다른 것도 아니고 공부해서 대학 간다는데...

버럭

공부고.. 대학이고.. 다 필요 없어!! 예배 안 드리면.. 다~ 헛수고야 !!! !!!

휘청

15

내가 일부러 이래? 지금 잠 잘 시간도 아깝다고...!!!

구리 구리

그러니까~!! 다~ 그만 두고... 실컷 자~!!! 그리고... 예배부터 회복해!!!!!!

모 모 락 락

또 그 소리... 예배 드리면 영어 점수가 올라가...!

수학 점수가 올라가...! 한 문제라도 더 풀어야 한다고!!!

영어는 누가 만들고... 수학은 누가 만들었니? 전부 창조주... 하나님이 지으신 거야~!

누가 뭐래? 하지만 공부도 시험도 내가 해야 하잖아?

예배 드리면 뭐 예수님이 대신 시험 쳐주신데?

이런~!
오늘의 참사는
할머니
때문이었구나~!

아직도 모르겠니?
엄마의 마음을...

아야!
집안 내력이네요!
모전여전!

그게 얼마나
귀하고 복된
전통인줄
아니?

그래도
이건 아니죠?
어린 자식이 나가서
잘못되기라도
하면 어떻게
하시려고~!

아니야!
엄만 성경적인
일을 하신
거야~!

자식을
내쫓는 게
성경적인
건가요?

예배는 왜 드려야 하는가?

그런데 목사님,
안식일을 지키는 것이
왜 중요하죠?

쉽게 말해
예배가 왜 중요
하냐는 건데..

맞아요!

사람은
예배를 통해
하나님을 만나고
내가 누구인지를
알게 되기 때문이야.

저벅저벅

예배가 뭐길래
집에선 내쫓고
성경에선 죽이기까지
하죠?

20

지는 이미 하나님을 만났어요. 또 하나님의 아들인 것도 알고요.

그렇지. 요한이는 예수님을 그리스도로 영접한 하나님의 아들이지!

그럼 이제 예배는 안 드려도 되겠네요?

화르르

어어떠억케~ 예배 안 드려도 된다는 말이 그렇게 잘 나옵니깨!

골대 앞에서 결정적 숫 할 때, 공 대신 신발 날아가게 해드려요?

승부차기 할 때마다 골대 맞게 해드려요?

아니.. 아니옵니다.

21

하하하! 농담이야~! 겁먹지마!

헤헤헤! 저도 맞춰 드린 거예요.

이 녀석이 어른을 놀려!

그런데 요한아~! 예배는 왜 매주 드려야 할까?

어휴~ 진짜! 왜 매주 드려야 하죠?

요한이가 하나님 자녀가 되었지만 늘 하나님을 생각하는 건 아니지?

사실.. 전 매일 축구, 떡볶이, 게임.. 이런 거 생각해요.

솔직하구나! 맞아 우린 매일 눈에 보이는 육신의 일만 생각해.

목사님도 그러세요?

나는...

쉿! 조용. 이건 우리만 아는 비밀이야. 약속.

네~에? 목사님께서요?

꼬옥

우~와 목사님도 그러시는구나. ㅋㅋ...

어흠. 그래서 매주 예배가 필요한 거야.

하나님은 예배를 통해 육신에 빠져 사는 우리 마음을 바꾸신단다.

어떻게요?

예배란 무엇인가?

헬라어로 예배는 '라트레이아'인데 두 가지 뜻이 있다. 하나는 구약의 제사장이 성막과 성전에서 제사를 위해 섬기던 일을 뜻한다. 그래서 오늘날 영어로 예배를 '서비스'(Service)라고 하기도 한다. 또 하나는 절한다. 무릎을 꿇는다는 뜻이 있다. 이를 영어로 '워십'(Worship)이라고 한다.

따라서 예배는 하나님을 섬기며 주님의 영광을 높이는 일이라 할 수 있다. 우리는 주일 예배만이 아니라 매일의 삶에서 세계 복음화를 위해 헌신하며 예수 이름을 찬양해야 할 것이다.

"그러므로 형제들아 내가 하나님의 모든 자비하심으로 너희를 권하노니 너희 몸을 하나님이 기뻐하시는 거룩한 산 제물로 드리라 이는 너희가 드릴 영적 예배니라"
(로마서 12장 1절)

23

말씀을 통해서 우리는 하나님 누릴 자녀이며,

우리를 속이는 마귀가 있으며,

예수님만이 마귀의 일을 멸할 분이심을 계속 깨닫게 하시지.

그래서 매주 말씀을 봉독하고 듣는 것이군요.

다 아는 것 같지만 일주일을 살펴봐. 정말 우리가 말씀을 붙잡고 기도하며 사나?

정말 그래요! 까맣게 잊어버려요.

그런데 한 주, 두 주, 계속 예배를 빠지면 마음 생각이 어찌 될까?

점점 하나님을 잊어버리겠죠.

24

그게 바로
사단의 전략이야.

예배와
말씀이 없으면
세상 사람과
다를 게 없어.

그래서 하나님이
영적 세계를
알고 살라고
안식일과 예배를
만드신 거야.

어휴~!
예배 몇 주 빠졌는데
기도도 안 되고
짜증만 나는 이유를
알겠네요.

이번 주는
꼭 예배를
회복하거라.

네~
목사님!

25

안식일인가? 주일인가?

그런데 안식일이 무슨 뜻이죠? 그게 주일이란 뜻인가요?

안식일이란 히브리어로 '사바스'(Sabbath)란 말인데 '그치다', '그만두다', '쉬다' 란 뜻이야.

안식일에 금지된 일들

구약시대의 선지자들과 랍비들은 안식일을 지키기 위한 구체적 기준을 세웠다.

\# 밭 갈 때에나 거둘 때에도 쉴지며 (출애굽기 34장 21절) 농부에게 가장 중요하고 바쁜 때이지만 쉬라고 하심.

\# 모든 처소에서 불을 피우지 말지니라 (출애굽기 35장 3절) 이용하려면 미리 준비하자.

\# 요리하지 말 것 – 먹을 음식은 전날 미리 준비한다.

\# 짐을 지지 말라 (예레미야 17장 24절). 심지어 옷도 몸을 가릴 정도로 가볍게 입으라.

\# 5리 이상의 거리(1392m)를 이동할 수 없었다.

> "일곱째 날은 네 하나님 여호와의 안식일인즉...
> 아무 일도 하지 못하게 하고... 안식하게 할지니라"
> (신명기 5장 14절).

쉬면서 예배를 드리는 일 외에 거의 할 수 있는 일이 없었다.
우리는 주일날 예배에 집중하며 은혜 받기 위해 꼭 필요한 공부나 일은 미리 준비해두자!

하던 일을 멈추고 쉰다는 뜻이군요!

그렇지! 창세기 1장을 보면 하나님이 6일 동안 모든 창조의 일을 끝마치시고

일곱째 날에 안식하시면서 그 날을 복된 날로 구별하셨어.

왜 그렇게 하신거죠?

보시기에 심히 좋을 정도로 모든 일을 다 이루신 날이었거든.

그럼 그 안식일이 주일인가요?

주일과 안식일은 달라!

어떻게 다른데요?

쉽게 말해
안식일은 토요일이고
주일은 안식 후 첫날이니
일요일이야.

네~에?
그럼 토요일에
예배 드려야 하는 거
아닌가요?

많은 이단이
토요일을 지켜야지
왜 일요일에
예배 드리냐고
우릴 공격해.

저도 친구에게
들었어요. 자기
안식일을 지킨…
…

그럼 한 가지 물어보자.
지금 안식일을 가장 잘 지킨다는
유태인은 구원 받았을까?

아니요.

그들은 예수님을
그리스도로 믿지
않잖아요.

옳거니!

28

그러니까 토요일이 구원의 조건은 아닌 셈이지.

그러네요.

그럼 주일도 구원의 조건은 아니겠군요?

후 비척

그렇지! 하나를 알면 둘을 아는구나! 너 혹시 예수님도 안식일에 일 하신 거 아니?

알아요. 병자를 고치셨지요.

요한복음 5장을 보면 병자를 고치신 것을 놓고 유대인들이 비난하자 이런 말씀을 하셨지.

"예수께서 그들에게 이르시되 내 아버지께서 이제까지 일하시니 나도 일한다."

(요한복음 5장 17절)

예수님은 왜 안식일을 안 지키고 일하셨죠?

쉴 수 없으셨기 때문이지.

왜요?

하나님이 천지를 창조하시고 인간을 하나님 자녀로 삼으사 모든 걸 완성하셨는데

창세기 3장에 마귀가 인간을 꾀어서 자기의 종으로 만들었잖니.

그러니 마귀를 꺾고 우리를 건져내시기까지는 쉬실 수 없으셨지.

그러면 지금은요?

예수님은 구원의 일을 모두 완성 하셨지!

십자가에서 숨을 거두시기 전 멋진 한 마디를 하셨지.

창세 때처럼 다 끝냈다는 뜻이군요!

"다 이루었다."
(요19:30)
"It is finished."

그렇지! 구원을 위한 모든 일이 십자가로 끝난 거야.

우린 예수님의 십자가를 내 죄와 저주가 끝난 증거로 믿기만 하면 되지!

정말 감사해요!
믿기만 해도 될 정도로
저의 죄를 끝내주시다니!

그게 바로...
참된 안식이야!
예수님이 십자가로
이루신 완전한 구원을
믿음으로 얻는 안식!

'우리를 죄에서 구하시려
주 예수 십자가 지셨으니
기쁘게 부르세~ 할렐루야!
나 구원 얻었네~...'

갑자기
찬양을 드리고
싶어요!

안식일 규정을 잘 지키기만 하면 되나?

"너희가 내 앞에 보이러 오니 이것을 누가 너희에게 요구하였느냐 내 마당만 밟을 뿐이니라" (이사야 1장 12절).

주께서 이르시되 이 백성이 입으로는 나를 가까이 하며 입술로는 나를 공경하나 그들의 마음은 내게서 멀리 떠났나니 그들이 나를 경외함은 사람의 계명으로 가르침을 받았을 뿐이라" (이사야 29장 13절).

why?

나는 인애를 원하고 제사를 원하지 아니하며 번제보다 하나님을 아는 것을 원하노라"(호세아 6장 6절).

– 하나님은 안식일을 지키는 예배 행위보다 예수님이 참된 안식을 주시는 분임을 믿고 나오는 마음을 원하신다.

"수고하고 무거운 짐 진 자들아 다 내게로 오라 내가 너희를 쉬게 하리라"(마태복음 11장 28절).

예수님이 완성하신 구원을 감사하며 찬양하는 이 순간이 바로 예배다!

예배에서 가장 중요한 것은 요일이나 장소가 아니라 예수님이 완성하신 구원을 감사하며 찬양하는 거야.

네? 오늘은 월요일이고 여긴 공원인데요?

33

물론 이런 은혜를 매주 누리기 위해...

주일날 교회에 모여 함께 예배 드려야 해.

아멘! 말씀을 듣고 보니 주일 예배가 더욱 기다려집니다

엄마를 쫓아내신 할머니의 마음도 알겠는 걸요!

갑자기 들고 계신 저 책은 뭐지???

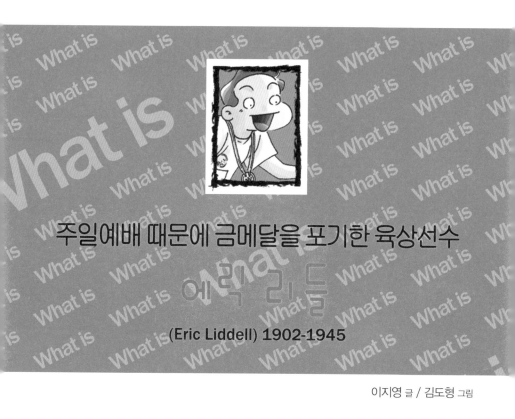

주일예배 때문에 금메달을 포기한 육상선수

에릭 리들

(Eric Liddell) 1902-1945

이지영 글 / 김도형 그림

악마의 유혹 같은 결승전

1924년 제8회 파리 올림픽을 석 달 앞둔 어느 날이었습니다.

그날도 에릭은 동료들과 함께 땀 흘리며 훈련을 하고 있었어요. 그 당시 에릭은 영국 최고의 육상 단거리 스타로 그의 인기는 대단했어요.

경기에 나갈 때마다 영국의 신기록을 계속해서 세워나갔어요.

사람들은 모두들 그가 이번 올림픽 100m 경기에서 금메달을 딸 것이라고 확신했어요.

그런 만큼 에릭은 더욱 책임감을 갖고 최선의 노력을 다했어요.

그 때, 올림픽위원회 직원이 와서 새로 확정된 올림픽 일정표를 선수들에게 보여주었어요.

"아니 이럴 수가?" 한 선수가 일정표를 들고서 소리쳤어요.

"왜 그래?" 에릭이 물었어요.

"에릭, 자네가 출전할 100m 결승전이 하루 앞당겨져서 주일날 치러진다고 하네."

"아니, 뭐라고, 주일이라고……."

순간 에릭은 정신이 아찔했어요.

에릭이 고민하고 괴로워한 이유는 주일과 예배에 대한 에릭의 믿음 때문이었어요.

그의 고향 스코틀랜드에서는 그리스도인들이 주일을 얼마나 귀하고 소중히 생각했는지 모릅니다. 그래서 그들은 주일에 아무 일도 하지 않았어요. 오락이나 운동도 금했으며, 상점들도 문을 닫았어요. 주일은 예배와 말씀을 통해 하나님과 가까워지고 하나님의 약속으로 힘을 얻는 날이거든요.

에릭도 어려서부터 예수님을 자신의 구주로 영접한 이후, 무슨 일을 하든 심지어 그가 좋아하는 육상 경기에 열중하고 있을 때조차도 우선순위는 언제나 주님이었어요.

그런 에릭이기에 주일에 경기에 참가한다는 것은 상상조차 할 수 없는 일이었지요.

하지만 바로 이 순간을 위해 몇 년간 땀 흘렸던 것을 생각하면 너무도 갈등이 심해졌어요.

결국 에릭은 조용한 장소를 찾아서, 기도하며 말씀을 묵상하고 또 묵상했어요.

기도를 마치고 일어서는 에릭의 얼굴에는 굳은 결심이 보였습니다.

어떤 결정을 내렸을까요?

"나의 결정으로 사람들이 상처를 받겠지만 그래도 주일은 주일이야."

에릭은 주님과 주일을 가볍게 여기는 일을 하지 않기로 마음 먹었던 것입니다.

이 일이 알려지자, 큰 소동이 일어났습니다.

"말도 안 돼. 그럴 수는 없어" 영국대표팀의 총감독이 소리를 질렀어요.

하지만 에릭은 차분한 목소리로 대답했습니다. "주일에는 달릴 수 없습니다."

영국 올림픽위원들도 몹시 화를 냈습니다. "당신은 이 나라를 욕되게 할 참이요? 지금 당신의 행동은 조국을 배신하는 일이오."

그가 출전할 수 없다는 소식은 영국의 모든 신문의 1면을 장식했습니다. 신문들은 올림픽 위원들의 비난을 그대로 실었습니다. 에릭의 친구들 가운데 몇 명은 그를 변호하고자 애썼으나 소용이 없었습니다. 이제까지 육상의 영웅으로 칭송받던 에릭은 한 순간에 천덕꾸러기 신세가 되고 말았습니다.

다시 찾아 온 기회

영국 올림픽위원회가 계속 비난과 설득을 하고 있을 때, 린지라는 같은 팀 선수가 에릭을 찾아왔어요. 그는 경기 일정이 빼곡히 적혀있는 일정표를 내밀며 말했어요.

"에릭, 주일이 아니라면 뛸 수 있지요?"

"네? …" 에릭은 무슨 말인지 궁금했어요.

"나는 이번 올림픽에서 400m 경기에 나가게 되어 있어요. 하지만 나는 예전에 메달을 딴 적이 있으니, 나 대신 400m에 나가볼래요?"

"아니 그럼 그 자리를 저에게 양보하시는 겁니까?"

"아깝지만, 에릭이라면 잘 해낼 수 있을 것 같은데……."

"정말 고마워요! 린지!"

400m는 에릭이 평소에 준비했던 종목은 아니었어요. 하지만 도전해보기로 마음먹었어요.

에릭과 린지는 이 사실을 감독님에게 찾아가 말했어요.

"감독님, 100m 대신에 400m 경기에 참가할 수 있도록 허락해 주세요."

"뭐야? 100m만 연습하던 네가 어떻게 400m를 달려. 이건 장난이 아냐!"

"저도 잘 압니다. 하지만 꼭 해보고 싶습니다."

옆에 있던 린지도 거들었어요.

"저도 부탁드려요. 에릭은 잘 해낼 거예요."

"400m에는 지난 올림픽 때 금메달을 딴 미국 선수도 있고, 경쟁자가 너무 많아."

"한번만 기회를 주십시오. 꼭 뛰어야 할 이유가 있습니다."

마음이 내키지 않았지만 감독은 결국 허락해주었습니다.

하지만 에릭이 100m 경기를 포기하고 제대로 연습도 못 해본 400m에 도전한다는 소식이 전해지자, 다시 한 번 사람들이 놀랐어요. 그리고 많은 이들이 비웃었어요. 특히 자신만만한 미국 팀 감독은 웃으며 미국 선수들에게 이런 말을 했어요.

"단거리 선수인 에릭은 300미터도 가기 전에 쓰러질 테니 걱정하지 마라."

하지만 그의 소문을 들었던 미국 선수들은 이런 말을 했답니다.

"하지만 저 친구는 분명 우리가 모르는 비밀이 있어."

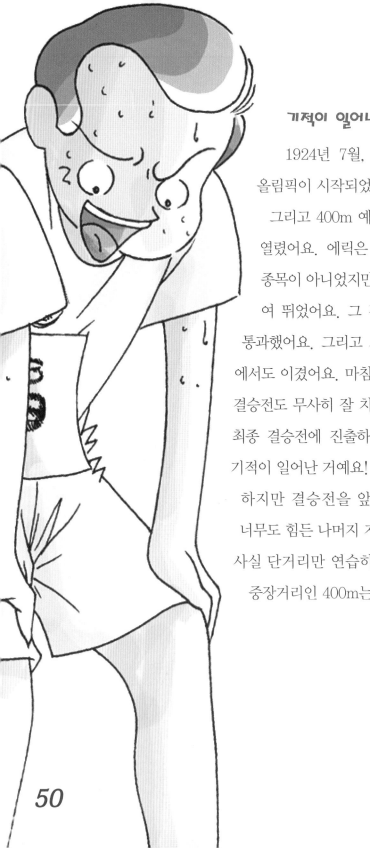

기적이 일어나다

1924년 7월, 드디어 파리 올림픽이 시작되었어요.

그리고 400m 예선 첫 경기가 열렸어요. 에릭은 자신의 주된 종목이 아니었지만 최선을 다하여 뛰었어요. 그 결과 1차전을 통과했어요. 그리고 그 다음 경기에서도 이겼어요. 마침내 에릭은 준결승전도 무사히 잘 치르고, 마지막 최종 결승전에 진출하게 되었어요. 기적이 일어난 거예요!

하지만 결승전을 앞둔 에릭은 너무도 힘든 나머지 지쳐있었어요. 사실 단거리만 연습하던 에릭에게 중장거리인 400m는 무리였어요.

그 때, 그의 팀 마사지 담당자가 에릭에게 찾아와 슬쩍 종이쪽
지를 건네주고 갔어요. 그 쪽지에는 이런 말이 적혀 있었어요.

"에릭, 하나님께서는 '나를 존중히 여기는 자를 내가 존중히
여길 것이라'(삼상2:30) 말씀하셨네. 최선을 다하길 바라네."

순간 에릭은 자신도 모를 힘이 솟아오름을 느꼈습니다. 에릭
은 그 말씀을 붙잡고 결승전을 향해 걸어 나갔어요.

경기에 출전한 선수들이 출발선에 자리를 잡았습니다. 에릭이 달릴 코스는 제일 불리한 바깥쪽이었어요. 더구나 파리의 여름 날씨는 참기 어려울 정도로 무더웠어요. 하지만 에릭은 하나님의 이름만을 붙잡으며 출발 신호를 기다렸어요.

'탕~'

드디어 출발 신호가 모든 사람들의 귓전에 울렸습니다.

에릭은 팔을 심하게 흔들며 마치 100m만 뛸 사람처럼 무섭게 달려 나갔어요. 머리를 뒤로 젖힌 채 있는 힘을 다해 달리는 그의 모습을 보고 사람들은 걱정하기 시작했습니다.

"오 저런, 저렇게 달리다간 심장이 터져서 죽을지도 몰라."

"얼굴을 뒤로 젖히고 달리는 게 마치 하나님을 쳐다보며 달리는 것 같군."

그러나 에릭은 사람들의 우려와 비웃음을 뒤로 하고 끝까지 그런 모습으로 달렸어요. 결승점이 50미터가 남아 있을 때, 그는 가장 앞서서 달렸고, 마침내 금메달을 획득했어요.

더욱 놀라운 것은 그동안의 400m 기록을 깨뜨리고 세계 신기록을 세웠다는 점이에요. 정말 아무도 예상치 못한 기적이었어요.

기자들이 우승소감을 묻자 그는 이렇게 대답했습니다.

"처음 200m를 뛸 때는 내가 뛰었습니다. 그러나 나머지 200m는 하나님이 친히 뛰어주셨습니다."

결국 에릭을 비난하고 염려하던 모든 영국인들은 에릭의 용기와 견고한 신앙에 박수를 보냈답니다. 하나님은 금메달을 포기하면서까지 주일을 지켜서 예수님의 이름을 높인 에릭을 모든 사람 앞에서 높여주신 것이랍니다. 그가 붙잡고 뛰었던 말씀대로 말이죠.

스포츠 영웅에서 선교사로

에릭은 400m 뿐만 아니라 며칠 후 벌어진 200m 결승에서도 동메달을 획득했어요. 정말 전 세계 육상계의 스타가 되었어요.

하지만 에릭에게 중요한 것은 올림픽 금메달리스트라는 명예가 아니었어요. 운동경기가 있을 때마다 자신의 팬들에게 복음을 전하던 그는, 올림픽이 끝난 직후인 1925년 모든 명성을 뒤로 한 채 선교사가 되어 중국으로 향했어요. 중국 선교사의 아들로 태어나 어린 시절을 중국에서 보냈던 에릭은 자신도 아버지처럼 중국에서 복음을 전하겠다고 오래 전부터 하나님께 약속했거든요. 화려한 명성보다 중국의 농부 한 사람을 구원하는 것이 더욱 값진 것이라 믿었기 때문이에요.

하지만 그 때는 중국 전 지역이 전쟁으로 시달리던 매우 위험한 시기였어요. 갈수록 전쟁이 심해지자 영국정부는 선교사를 비롯한 모든 영국인에게 중국을 떠날 것을 명령했어요. 하지만 에릭은 그 명령을 거부한 채 계속해서 선교활동을 펼쳤어요.

에릭은 12년간 텐진(天津)의 중영학교에서 과학과 영어를 가르치며 중국인들에게 복음을 전했어요. 그곳에서 수많은 학생들이 그가 전한 말씀을 듣고 세례를 받고 구원을 얻었어요. 그 후에 산둥 반도의 곳곳을 다니며 농촌 지역 전도를 했어요.

그러다가 그만 중국을 침범한 일본군에게 잡혀서 수용소로 끌려갔어요. 그곳에서도 여전히 다른 사람들에게 복음을 전하며 진심으로 도왔어요. 수용소 안에서조차 웃음을 잃지 않고, 언제나 따뜻한 사랑으로 아이들을 가르친 그의 활동은 수용소 생존자들의 증언에 의해 지금도 전해지고 있답니다.

하나님을 확신하며 복음을 위해 살던 에릭은 병을 얻어 1945
년 해방을 앞두고 수용소에서 눈을 감았어요.

마침내 주님 품 안에서 경주를 마치고 쉬게 된 것이랍니다.

함께 생각해 봐요

다른 친구들은 주말이면 가족 여행을 떠나고 운동 좋아
하는 친구들은 주말 리그라 신나게 경기를 뛰고 할 일
없는 친구들은 늦잠이나
TV를 즐기는데... 나는 늦잠도 못 자고
놀러도 못 가고 부모님 따라 교회
에 나가 예배 드려야 해요.

여러분의 주일은 어떠한가요?

어때요? 행복합니까, 짜증납니까?
예수 믿는다는 것이 너무 힘들고 불편하다고요??
그럼 이런 일은 어떻게 생각합니까?

지금 북한에서는
주일마다 10만 명의
기독교인들이 목숨을 걸고
예배를 드리고 있어요.
비밀 지하실이나 동굴에
들어가서 숨죽여 찬송하고
다 떨어진 성경을 읽으며
눈물 흘려 기도하고 있어요.
그러다가 들키면 끔찍한 고문에
시달리다가 사형 당하고 말아요.

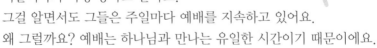

그걸 알면서도 그들은 주일마다 예배를 지속하고 있어요.
왜 그럴까요? 예배는 하나님과 만나는 유일한 시간이기 때문이에요.

여러분, 부모님과 함께 마음껏

예배를 드릴 수 있다는 것에 감사하세요.
북한만이 아니라 세계 곳곳에는 아직도
예배의 자유가 없는 나라가 많아요.
그런데 우리는 자유가 있어도
세상 즐거움에 빠져 예배를
안 드리잖아요. 이것이
사탄의 전략이에요.

내 영혼이 예수로 힘을 얻고 살아나는 예배는 금메달이나
성공이나 그 어떠한 즐거움 보다 심지어 목숨보다 더 귀한 거예요.

하나님은 모든 죄와 저주를

십자가로 끝내신 예수님을 찬양할 때
성령으로 역사하시어 사탄을
내쫓고 천사가 돕는다고 약속하셨어요.
에릭 리들처럼 주일 예배를 소중히
여김으로 평생 인도 받는
하나님의 사람이 되길 축복합니다!

그러므로 우리는 긍휼하심을 받고 때를 따라
돕는 은혜를 얻기 위하여 은혜의 보좌 앞에
담대히 나아갈 것이니라. (히브리서 4:16)

Story plus

에피소드 no. 1

천국문의 비밀

이지영 글 / 이준희 그림 / 이인영 컬러

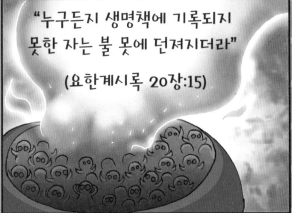

〈끝〉

'What is' 시리즈 전 8권 완간!

1. 토마스 – 선교가 뭐예요?
2. 조지 카버 – 성경이 뭐예요?
3. 조지 뮬러 – 기도가 뭐예요?
4. C.S. 루이스 – 믿음이 뭐예요?
5. 리빙스턴 – 헌금이 뭐예요?
6. D.L. 무디 – 전도가 뭐예요?
7. 화니 크로스비 – 찬송이 뭐예요?
8. 에릭 리들 – 예배가 뭐예요?

위대한 신앙의 사람들을 통해 배우는
선교, 성경, 기도, 믿음,
헌금, 전도, 찬송, 예배 시리즈!
자녀들이 꼭 알아야 할 신앙의 기본 상식들을
알기 쉬운 만화로 재미있게 풀었습니다.